Margit Salamonsberger · Johanna de Wailly
Salzburg – Stadtführer für Kinder

Margit Salamonsberger · Johanna de Wailly

# SALZBURG

## Stadtführer für Kinder

Illustriert von Johanna de Wailly
Herausgegeben von Alexander Potyka

Picus Verlag Wien

Kennst du auch die anderen Stadtführer für Kinder aus dem Picus Verlag?
In der Reihe gibt es die Bände:

**Wien** – Stadtführer für Kinder,
  *von Brigitta Höpler, Alexander Potyka und Sibylle Vogel*
**Berlin** – Stadtführer für Kinder,
  *von Joscha Remus und Sibylle Vogel*
**München** – Stadtführer für Kinder,
  *von Martina Gorgas und Sibylle Vogel*

Copyright © 2010 Picus Verlag Ges.m.b.H, Wien
Aktualisierte Neuauflage
Alle Rechte vorbehalten
Grafische Gestaltung: Dorothea Löcker, Wien
Druck und Verarbeitung:
Druckerei Theiss GmbH, St. Stefan im Lavanttal
ISBN 978-3-85452-078-8

Neuigkeiten aus dem Picus Verlag unter
www.picus.at

# Inhalt

## Rundgänge durch Salzburg

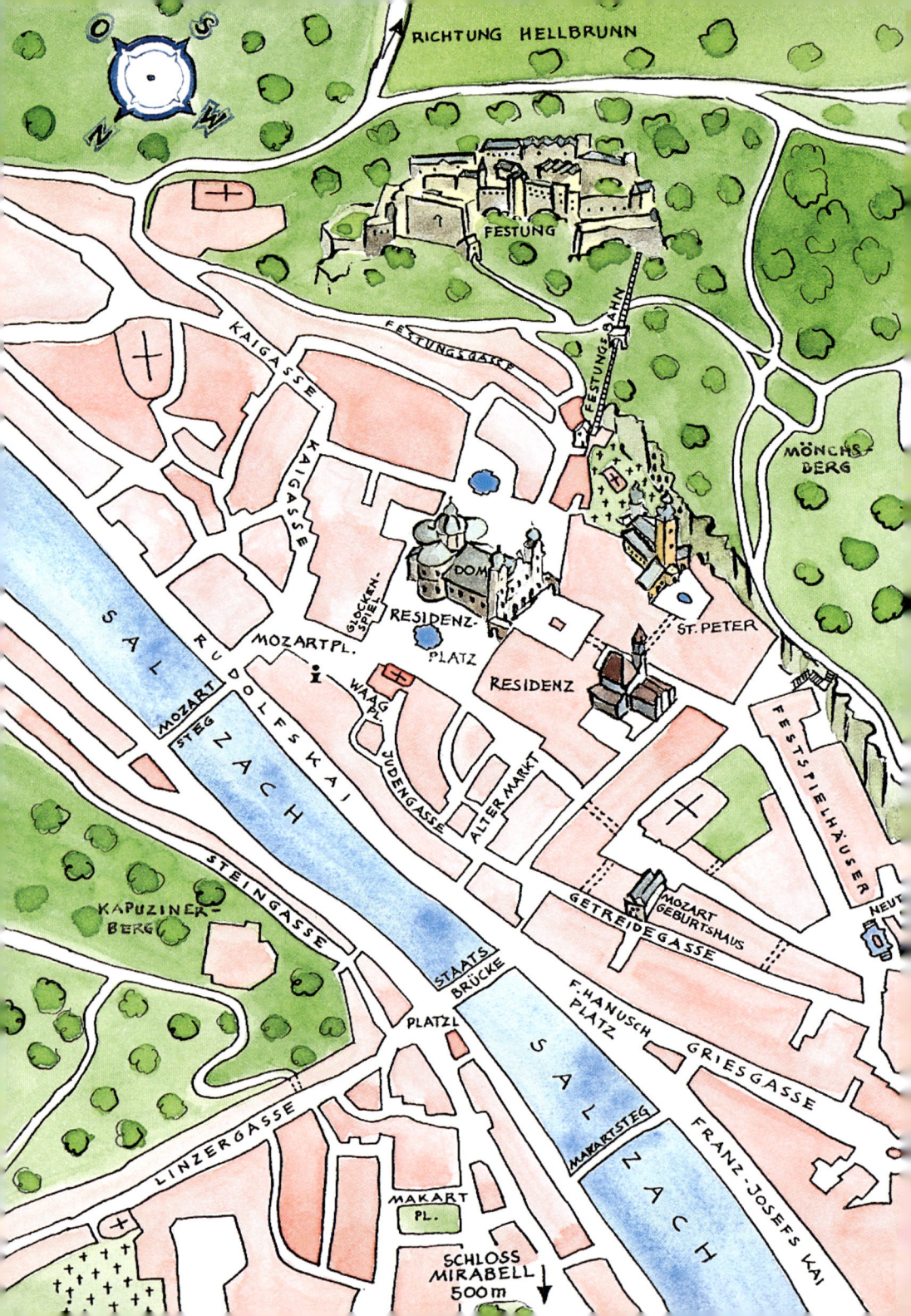

# Praktische Hinweise zu diesem Buch

Bevor du dich auf die große Entdeckungstour durch Salzburg begibst, hier noch einige Hinweise, wie du deinen Stadtführer verwenden kannst:

Auf den ersten Seiten findest du eine allgemeine Beschreibung von Salzburg. Dann kannst du in sieben verschiedenen Rundgängen die Stadt erkunden. Du musst dich aber nicht unbedingt an die Reihenfolge halten. Als Ausrüstung brauchst du nicht viel, vielleicht einen Bleistift, doch vor allem gute Augen!

Am Anfang jedes Kapitels gibt es einen Plan mit eingezeichnetem Weg. Eine kurze Beschreibung verrät dir, was dir da begegnen wird. Damit du dich auf den Plänen und in dem Buch gut zurechtfindest, helfen dir folgende Zeichen:

 Diese Punktelinie zeigt dir den Weg

 Gebäude

 Gebäude, die genauer beschrieben sind

 Wiesen oder Wald

 Wasserflächen

 Busverbindung vom Bahnhof aus

 Hier kannst du ein Fahrrad leihen

 Unter Salzburg von A–Z findest du mehr Information

Hier gibt es ein Rätsel zu lösen oder ein Spiel. Die Auflösungen dazu findest du auf Seite 70

 Beginn der Besichtigung

# Eine Stadt stellt sich vor

LEONHARD
V. KEUTSCHACH

WOLF DIETRICH
V. RAITENAU

GRAF PARIS V. LODRON

MARKUS SITTIKUS

FRANZ ANTON
FÜRST V. HARRACH

STADT
SALZBURG

LAND
SALZBURG

## Salzburg oder Salzburg

Wenn eine Stadt denselben Namen hat wie das Land rundherum, ist das manchmal ganz schön verwirrend! So weiß man nicht, ob jemand, der übers Wochenende in Salzburg war, die Stadtatmosphäre oder die schönen Täler und Berge genossen hat.

## Sicher ist nur, ...

dass jemand, der übers Wochenende in Salzburg war, in Österreich gewesen ist. Aber das ist erst seit relativ kurzer Zeit so.
Salzburg war nämlich über tausend Jahre lang ein eigener kleiner Staat.

Seit dem Jahr 700, als Bischof Rupert das Kloster St. Peter gründete, regierten seine Nachfolger als Erzbischöfe über Stadt und Land. Sie waren nicht nur geistliche, sondern auch weltliche Fürsten.

## Kaiser Napoleon

löste dieses geistliche Fürstentum einfach auf, und wenig später wurde Salzburg ein Teil von Österreich-Ungarn. Seit 1920 ist es ein Bundesland der Republik Österreich. Wenn also 1762 der junge Wolfgang Amadeus Mozart eine Reise nach Wien machte, war das eine Auslandsreise!

### Touristenhochburg

Heute leben in der Stadt Salzburg rund 147.000 Einwohner, die jedes Jahr circa 1,6 Millionen Besucher aufnehmen, bewirten, betreuen und unterhalten. So viele Menschen zufriedenzustellen ist oft gar nicht so einfach. Aber davon lebt die Stadt heute – und schon lange nicht mehr vom Salz.

### Goldgrube

Das Salz hat der Stadt und dem Land den Namen gegeben. Die Menschen hier lebten vom Salzhandel. Salz war damals so wertvoll, dass es auch das »weiße Gold« genannt wurde. Abgebaut wurde es in den Bergwerken von Hallein und Bad Reichenhall, das damals zum »Salzburgischen« gehörte.

### »Hall«

So hieß das Salz bei den Kelten, die schon vor 2500 Jahren hier Salz gefunden hatten und abbauten.

 *Willst du mehr über den Salzabbau und die Kelten erfahren, dann lohnt sich ein Ausflug nach Hallein in die Salzwelten!*

### Schwimmender Verkehr

Früher war einer der wichtigsten
Transportwege die Salzach.
Transportschiffe drängten sich an den
Anlegestellen der Stadt und verluden
Salzfässer und Handelswaren.
Auch heute noch ist die Stadt ein
wichtiger Verkehrsknotenpunkt.
Allerdings kommen die Waren aus
allen Himmelsrichtungen nicht mehr
auf dem Fluss, sondern auf Straßen
und Eisenbahnschienen nach Salzburg.

### Kein Platz mehr!

Dicht aneinandergedrängt standen
die mittelalterlichen Häuser zwischen
Fluss und Mönchsberg. Erzbischof
Wolf Dietrich war es, der die Enge der
Stadt nicht mehr aushielt und sich
große Plätze und prunkvolle Paläste
nach italienischem Vorbild erträumte.

### Ohne Rücksicht

Wahrscheinlich waren damals nicht
alle begeistert, als er schlicht und
einfach Plätze schuf, indem er ganze
Häuserreihen abreißen ließ und den
Friedhof auf die andere Salzachseite
verbannte.

Sogar den nur teilweise von einem Brand beschädigten Dom ließ er abreißen und einen neuen bauen. Heute aber ist gerade das Nebeneinander von engsten Gässchen und weiten Plätzen so eindrucksvoll und berühmt!

### Ein Blick von oben

Wolf Dietrich hatte so viele große Ideen und Pläne, dass er gar nicht Zeit fand, sie zu vollenden. Seine Nachfolger Marcus Sitticus und Paris von Lodron aber führten sie zu Ende. Die Größe der Bauten siehst du am besten, wenn du von einem der Stadtberge auf die Stadt hinunterschaust.

### Grabendächer

Von dort oben kann man auch sehen, dass viele Salzburger Bürgerhäuser ganz spezielle Dächer haben. Die »Grabendächer« waren eine praktische Erfindung. Man konnte Brände leichter löschen, weil die Dächer besser zugänglich waren. Aber auch das Regenwasser, das als Nutzwasser verwendet wurde, ließ sich mit den vielen Dachrinnen gut sammeln.

### Nagelfluh

heißt nicht etwa ein spezieller Floh
aus Salzburg, sondern so nennt man
das Gestein der Stadtberge. Es ist in
der Eiszeit entstanden und besteht
aus kleineren und größeren Steinen in
einer festen Tonmasse. Es ist ein sehr
gutes Baumaterial, weil es sich leicht
bearbeiten lässt. In der ganzen Stadt
findet man Fensterbänke, Portale
oder Sockel aus Nagelfluh. Sogar der
gewaltige Dom ist daraus gemacht.

### Der große Bergsturz

Dieses Gestein ist aber auch eine
große Gefahr. Frost, Regen und
Wurzeln lockern immer wieder
Gesteinsbrocken, die auf die dicht
an den Felsen gebauten Häuser
hinunterdonnern könnten.
220 Menschen wurden am 16. Juli
1669 getötet, als riesige Steinmassen
vom Mönchsberg brachen. Mehrere
Häuser und zwei kleine Kirchen
wurden verschüttet. Ein zweiter
Felssturz begrub dann auch noch die
Rettungsmannschaft.

## Die Bergputzer

sind hier also lebenswichtig! Sie klopfen seit 1778 mehrmals pro Jahr das lose Gestein herunter. Dazu hängen sie sich an bis zu 120 Meter lange Seile. Geputzt wird der riesige Mönchsbergfelsen mit großen Pickeln. Achtung also! Wenn du die Rufe der Bergputzer in der Stadt hörst, geh dem Mönchsbergfelsen lieber aus dem Weg.

## Herrliche Aussicht

Zu jeder Jahreszeit gehen die Salzburger auf ihren Stadtbergen spazieren. Am Mönchsberg gehen sie im Winter rodeln. Am Kapuzinerberg können sie sogar Gämsen aufspüren. Beim ersten Schönwetter im Frühjahr geht's auf den Gaisberg hinauf, der dann manchmal wegen Überfüllung für Autos gesperrt werden muss.

## Achtung Staatsgrenze

Der Untersberg ist das nächstgelegene Ziel für Bergsteiger und Skifahrer. Doch aufgepasst: Hier ist man an der Grenze zu Bayern und kann ganz plötzlich in Deutschland stehen!

## Viel Glück

Der Untersberg dient aber auch als Wetterprophet: »Hat der Untersberg an Sabel, wird das Wetter miserabel.« So heißt es zumindest! Hoffentlich trägt der Untersberg, während du die Stadt und ihre Umgebung entdecken willst, einen Hut, denn dann wird »das Wetter gut«!

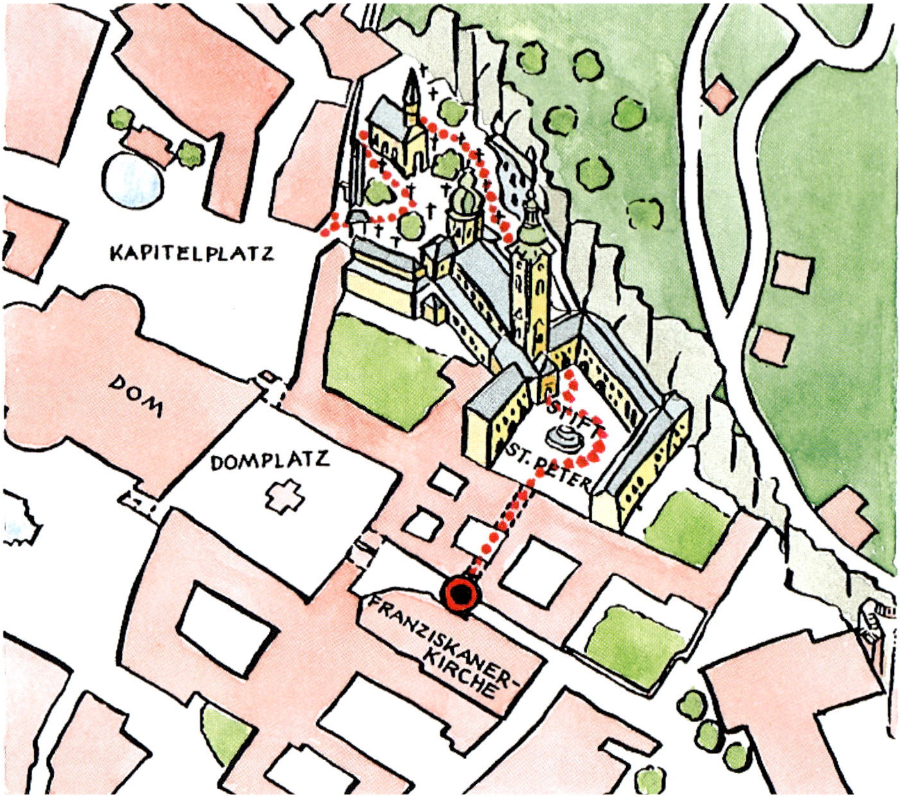

# 1. Sankt Peter

Wir sind dort, wo das heutige Salzburg begonnen hat.
Du wirst vom Gründer des Klosters hören, Höhlenkirchen, sieben geheimnisvolle
Kreuze und ein steinernes Brot entdecken!
Geh in den größten Klosterhof!

Buslinien:
3, 5, 6, 25
 Haltestelle Rathaus       Franziskanergasse

## Ganz verfallen

war die Römerstadt Juvavum, als Bischof Rupert im Jahr 696 hierher kam. Aber er und einige Benediktinermönche scheuten keine Mühe und gründeten hier, dicht an den Felsen gebaut, ein Kloster. Es heißt St. Peter und ist der älteste Teil von Salzburg. Auch heute leben in dem Kloster noch Mönche.

## Zwei Zwiebeln

So alt sieht das alles hier gar nicht aus! Warum? Weil seither viele, viele Benediktiner im Laufe der Zeit immer wieder ihr Kloster vergrößert und umgebaut haben. Da sind ihnen auch lustige Dinge eingefallen: Schau doch nur den Kirchturm an. Da sitzen doch glatt zwei Zwiebeln übereinander darauf!

Es ist aber kein Wein- oder Bierfass, wie man denken könnte, sondern ein Salzfass.

## Ein Heiliger mit Fass

Weiter unten in einer Nische der Kirchenfassade siehst du den Heiligen Bischof Rupert. Er ist der Schutzpatron Salzburgs, und du wirst ihn noch oft entdecken können. Erkennen kannst du Rupert an seinem Fass.

 *In der Zeichnung fehlen doch tatsächlich die wichtigsten Dinge!*

*Deshalb haben sich die Mönche von St. Peter zwei gekreuzte Schlüssel in ihr Wappen genommen. Wie oft kannst du dieses Wappen hier im Hof finden?*

### Schlüssel zum Himmel

Ein anderer Heiliger steht auf dem Brunnen. Nach ihm, dem Hl. Petrus, ist das Kloster St. Peter benannt. Schau, in seinen Händen baumeln zwei eiserne Schlüssel.

### Zwei Schlüssel zur Schatzkammer?

Vielleicht – auf alle Fälle sollen sie ganz genau in die Schlüssellöcher der Himmelspforte passen!

### Ein leeres Grab

Rechts in der Kirche ist das Grab des Heiligen Rupert. Aber stell dir vor: Er ist gar nicht mehr hier begraben! Als der Dom gebaut wurde, hat man nämlich dort ein Rupert-Grab errichtet, und er wurde ganz einfach dorthin übersiedelt. Deshalb ist dieses Grab hier leer.

## Salzburgs Untergang

Das »ewige Licht« in der Nische brennt nun wirklich schon fast ewig. Die Mönche passen darauf besonders gut auf, denn wenn es verlöscht, so heißt es, wird Salzburg untergehen.

## Das steinerne Brot

Links vom schmiedeeisernen Gitter beim Ausgang hängt ein seltsamer Stein an einer Eisenkette.

Er erinnert an eine Frau, die am Namenstag des Heiligen Rupert (am 24. September) Brot gebacken haben soll, statt in die Kirche zu gehen. Als Strafe wurde ihr Brot zu Stein. Hier hängt es nun zur Warnung.

### Deine Nase

wird den köstlichen Duft aus dem
»Peterskeller« wohl gleich aufspüren.
Dieses halb in den Felsen gebaute
Wirtshaus ist das älteste von ganz
Salzburg und besteht seit über
tausend Jahren.

### Sehr süß

ist eine Nachspeise, die man hier
bekommt. Die »Salzburger Nockerln«
werden aus viel Zucker, Eischaum und
Mehl gemacht. Aber Achtung: Eine
Portion luftigen Schaum kann man
allein kaum aufessen!

EINE KLEINE PORTION SALZBURGER NOCKERLN…?

### Gerippe und Engerln

Zwischen der Kirche und dem
»Peterskeller« führt ein Torbogen auf
den Petersfriedhof. Viele Salzburger
Familien haben ihre Grüfte dicht am
Felsen des Mönchsberges. Wenn man
sich genau umschaut, wird einem
manchmal fast unheimlich!

## Zu Tode gekitzelt

hat ein Mann nacheinander seine
sieben Frauen. So zumindest
erzählt die Sage um die sieben eng
beisammenstehenden Grabkreuze
beim Aufgang zu den Katakomben.

*Die Katakomben kann man
auch besichtigen.*

 *In Wirklichkeit sind es die
Gräber der Steinmetzfamilie
mit dem Namen:*

..............................................................

## Höhlenkirchen

Niemand weiß genau, wann Einsiedler
diese Kirchen in den Felsen gehauen
haben oder warum sie sich gerade
hier niedergelassen haben. Wenn
diese sogenannten Katakomben reden
könnten, hätten sie sicher viele, viele
Geschichten zu erzählen! Vielleicht
über Menschen, die sich hier versteckt
haben, oder ...

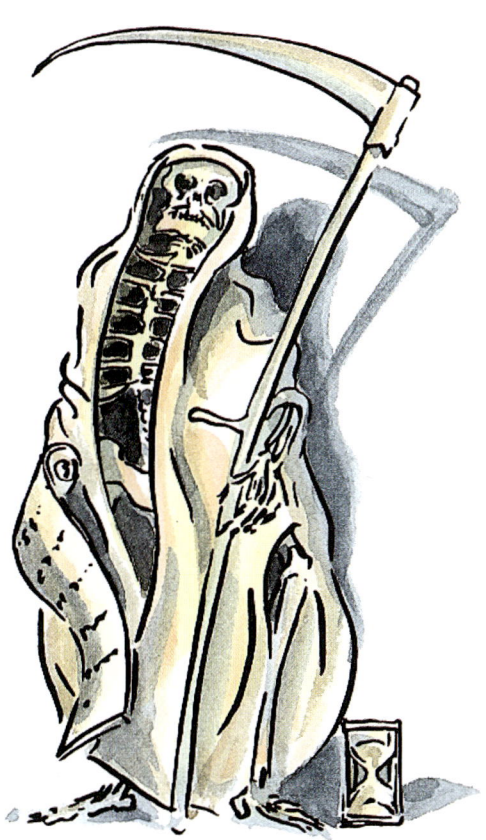

### Ein Wasserfall

Wenn du deine Ohren spitzt, hörst
du schon im Friedhof das Rauschen
eines Sturzbaches. Du siehst ihn
dann gleich beim Ausgang Richtung
Kapitelplatz. Aus dem Inneren des
Mönchsberges schießt hier das Wasser
heraus und verschwindet dann unter
der Erde.

### Die Quelle

dieses Baches ist aber nicht hier im
Berg! Weil es in der Stadt zu wenig
Wasser gab, hat man schon vor
850 Jahren einen Stollen durch den
ganzen Berg gegraben und ein großes
Leitungssystem errichtet.

Der Almkanal bringt Nutzwasser von
weit her in die Stadt und hat zum
Beispiel hier bis 1968 das Rad der
Klostermühle angetrieben.

## Almabkehr

So heißt das, wenn jedes Jahr im Herbst der 370 Meter lange Stollen ausgebessert und geputzt wird. Da fließt kein Wasser, und man kann in kleinen Gruppen mit einer Führung die Mönchsberger Unterwelt erforschen.

## Das Peterer Brot

wird hier gleich neben dem Sturzbach gebacken. Auch heute noch wird der Backofen nur mit Holz beheizt. Das saftige, dunkle Roggenbrot der Bäckerei ist eine Salzburger Spezialität. Eine kräftige Stärkung für unseren nächsten Spaziergang!

*Schau ganz genau! In diesem Buchstabenquadrat sind sechs Wörter versteckt.*

| Q | R | C | L | Z | B | S | X |
|---|---|---|---|---|---|---|---|
| D | U | M | K | A | N | A | L |
| O | P | E | T | E | R | P | K |
| S | E | K | M | P | Q | N | I |
| F | R | B | R | O | T | F | R |
| I | T | S | A | X | B | G | C |
| M | O | E | N | C | H | A | H |
| K | B | R | I | T | U | M | E |

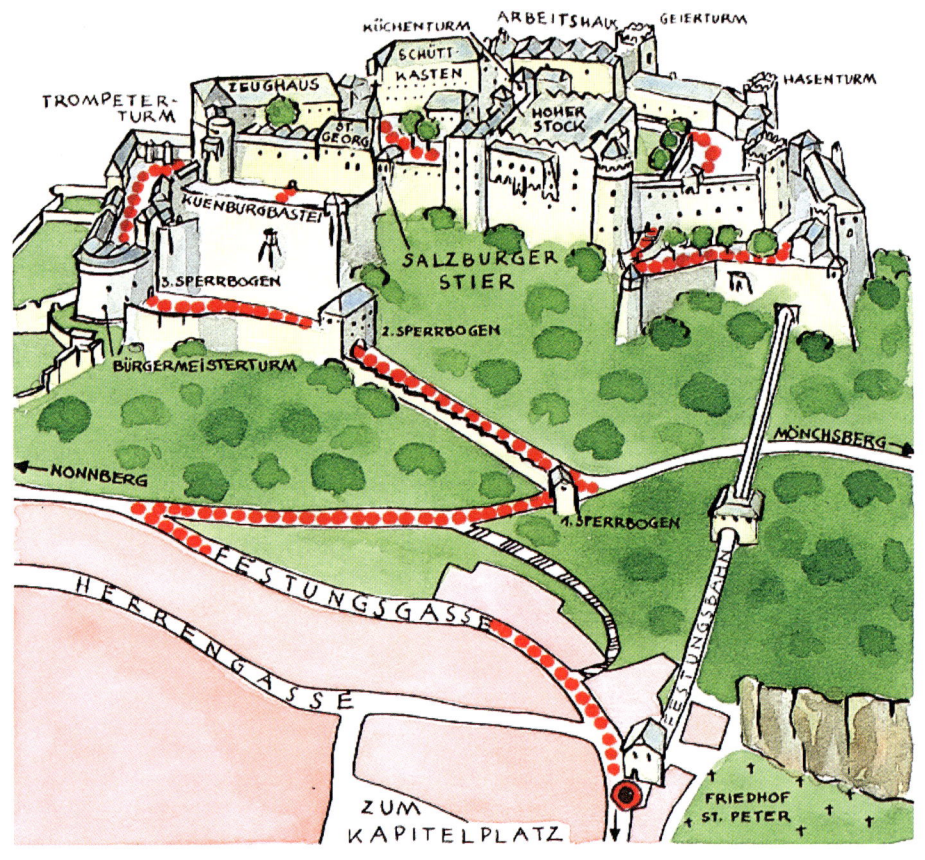

# 2. Die Festung

Hier geht es wild zu! Ritter greifen an und belagern die Burg. Bauern beschießen ihren Erzbischof mit Kanonenkugeln, während Gefangene im Kreis gehen und Soldaten einen Stier bemalen.

Festungsbahn
Festungsgasse 4, Tel.: 84 24 30-11
Alle 10 Minuten

# 2. Die Festung

## Wahrzeichen

Wenn man nach Salzburg kommt, sieht man zuallererst ganz in der Ferne, fast wie eine Spielzeugburg, die Festung. Je näher man kommt, umso eindrucksvoller wird sie. Sie wächst förmlich aus dem hohen Felsen heraus, wird höher und größer. Weil sie 119 Meter über der Stadt liegt, kann man sie aus fast jedem Winkel der Stadt sehen.

 *Die Festung hat einen Namen. Sie heißt:*

○ *Hochsalzburg*
○ *Hohenburg*
○ *Hohensalzburg*

## Angriff

Am besten, du nimmst all deinen Mut zusammen und gehst zu Fuß hinauf! Einem Angreifer in Ritterrüstung war da wohl mulmig zumute, wenn er von unten hinaufsah. Der steile Berg! Und die vielen Tore! Die 900 Jahre alte Burg konnte daher auch nie erstürmt werden.

## Geschafft

Wenn man im äußeren Burghof steht, ist man schon durch vier verschiedene Tore gegangen. Die sogenannten Sperrbogen konnten einzeln verriegelt und verteidigt werden.

## Waffen

Die Salzburger konnten sich hier oben gut verteidigen. Die nötigen Waffen dazu wurden im Zeughaus aufbewahrt. Ob da wohl noch irgendwo eine alte Lanze aufzustöbern ist?

## Burgalltag

Die Häuser auf der linken Seite waren die Wirtschaftsgebäude. 100 bis 120 Leute lebten ständig auf der Festung – nicht nur Soldaten, sondern auch Pfarrer, Bäcker, Tischler und so weiter. Und natürlich gab es auch Ställe mit lebendem Vieh: Ochsen, Hennen und Schweine.

 *Findest du in der Zeichnung Menschen und Tiere, die hier sicherlich nicht gelebt haben?*

### Gut vorbereitet auf Belagerungen

Die Wirtschaftsgebäude auf der linken Seite waren hauptsächlich Vorratskammern.

Stell dir vor: Im Schüttkasten konnte man Getreide bis zu 100 Jahre lang aufbewahren! Einmal im Monat wurde es umgeschaufelt, damit die unteren Schichten nicht feucht wurden und faulten.

Das Salz aus dem großen Salzmagazin verwendete man zum Haltbarmachen von Fleisch (diesen Vorgang nennt man Pökeln).

### Dorfidylle

Der innere Burghof schaut ja aus wie ein Dorfplatz! Ein Brunnen, zwei Linden und die Georgskapelle – alles sieht sehr friedlich aus. Das hat wohl auch den Erzbischöfen gefallen, wenn sie von ihren prunkvollen Räumen im Hohen Stock in die Kapelle gingen.

### Aufzug und Mühle

1504 wurde der Reißzug gebaut, mit dem dann Baumaterial, Kanonenkugeln oder Lebensmittel leichter heraufbefördert werden konnten. Das Prinzip war einfach: Vier Pferde oder auch Gefangene drehten ein Rad im Kreis und zogen so einen Wagen an einem langen Seil vom Nonntal herauf.

# 2. Die Festung

### Lust auf Luft?

Dann geh durch das Tor beim Reißzug
auf die Kuenburgbastei. Von hier hast
du die beste Aussicht auf die Stadt.
Links oben steht in einem hölzernen
Vorbau ein jämmerlich brüllendes Tier.

### Der Salzburger Stier

ist eine alte mechanische Orgel, die
dreimal täglich eine Melodie durch
das geöffnete Fenster spielt.
Am Ende ertönt immer ein
stierähnliches Brüllen. Das war früher
das Zeichen für das Öffnen und
Schließen der Stadttore.

### Eine Rübe

hat Erzbischof Leonhard von
Keutschach im Wappen. Der
sogenannte »Rübler« hat den größten
Teil der Festung gebaut. An der Wand
der Georgskapelle hat er sich ein
Denkmal gesetzt. Sein Wappen findest
du überall auf der Festung.
Eines ist gleich links vom Eingang zur
Burg, wenn du über den tiefen Graben
gehst.

 *Kannst du die seltsamen
Jahreszahlen entziffern und
ausrechnen, wie lange an
dem »grabn umb das gschlos«
gebaut worden ist? Achtung! Ein
halber Achter ist eben kein Achter
und irgendwo ist ein umgefallener
Siebener ohne Querbalken!*

### Stierwascher

ist ein Spitzname für die Salzburger. Einmal soll die Festung so lange belagert worden sein, dass alle Vorräte schon aufgebraucht waren. Ein einziger Stier war noch übrig. In ihrer Not malten ihn die Salzburger jeden Tag anders an und führten ihn hoch oben auf den Mauern ihren Feinden vor – als ob sie eine ganze Stierherde als Vorrat hätten! Da gaben sich die Belagerer trostlos geschlagen und zogen ab.

### Einmal

drehte sich der Spieß auch um, und ein Erzbischof musste sich gegen sein eigenes Volk verteidigen.
Im Jahr 1525 zogen die unzufriedenen Salzburger Bauern gegen den Erzbischof Matthäus Lang zu Felde. Er flüchtete auf die Festung und wurde hier drei Monate lang belagert. Eine Kanonenkugel traf sogar eine Marmorsäule im Goldenen Saal. Die Delle, die damals entstand, kann man noch heute sehen!

## 2. Die Festung

*Die Fürstenzimmer kannst du mit einer Führung besichtigen. Es gibt auch ein Burgverlies und eine Folterkammer.*

**Bequem!**
Bevor deine Beine zusammenklappen, fahr jetzt lieber mit der Festungsbahn wieder hinunter. Die wird übrigens weder von Gefangenen noch von Pferden betrieben, sondern mit elektrischem Strom.

*Schau vorher noch einmal auf die Stadt hinunter! Zu welchen Gebäuden gehören diese Kuppeln und Türme?*

1  2  3  4  5

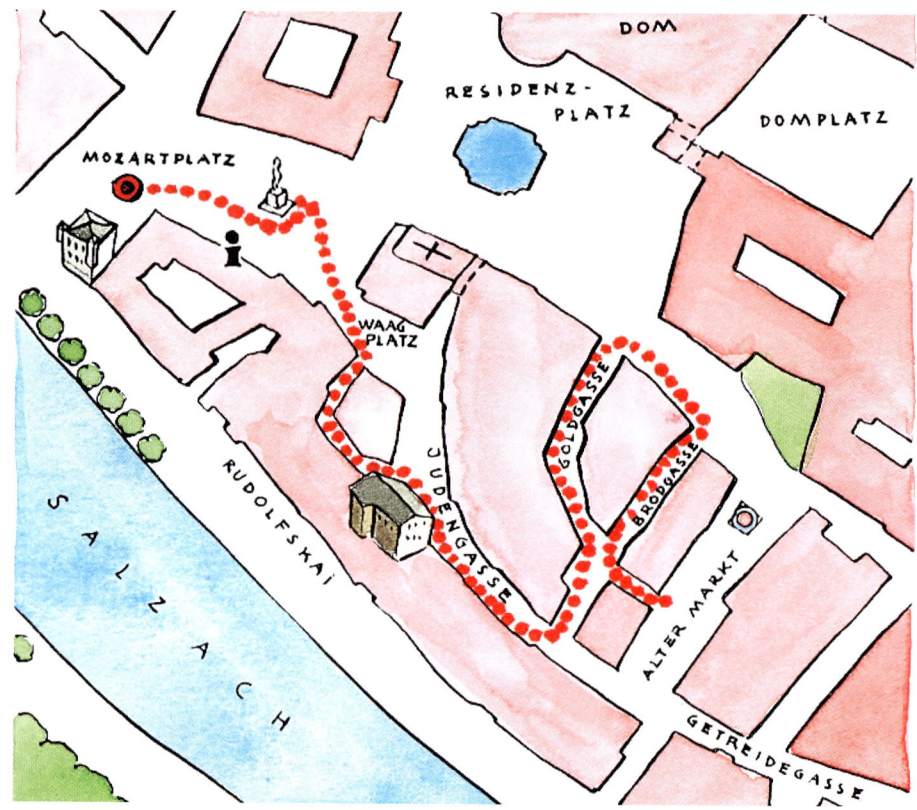

# 3. Die Bürgerstadt I

Vom Mozartplatz zum Alten Markt.
Du gehst über römischen Boden, hörst von Waagen, teuflischen Dingen und
mittelalterlichen Aufzügen. Jedes Haus könnte Tausende Geschichten erzählen.

Buslinien:
3, 5, 6, 25
Haltestelle Mozartsteg

Mozartplatz
Es gibt eine große
Informationsstelle direkt am
Platz

### Mozartfans

Seinen Namen hat der Platz von dem weltberühmten Komponisten, dessen riesengroße Statue in der Mitte steht. Was sich Mozart wohl so denkt über die vielen verschiedenen Menschen, die sich hier mit ihm fotografieren lassen?

 *Wann wurde das Denkmal errichtet? Auf dem Sockel steht das Jahr in römischen Ziffern.*

M=1000, D=500, C=100, X=10, I=1

..................................................................

..................................................................

### Unter der Erde

des Platzes fanden Arbeiter, als sie im vorigen Jahrhundert das Mozartdenkmal hier aufstellen sollten, die Reste eines Hauses aus der Zeit der Römer! Daher weiß man, dass hier nicht erst seit dem Mittelalter reges Treiben herrscht.

### Juvavum

hieß Salzburg bei den Römern.
Die damalige Stadt war etwa so
groß wie die heutige Altstadt. Die
Bewohner waren sehr wohlhabend.
Ihre Häuser hatten Mosaikböden,
Fußbodenheizungen, bequeme Bäder.
Lauter Dinge, die ein paar Hundert
Jahre später wieder vergessen und
unvorstellbar waren.

*Wenn du das alles
sehen willst, geh ins
Domgrabungsmuseum oder
ins Salzburg Museum/ Neue Residenz!*

### Im Mittelalter

entwickelte sich von hier aus die
Bürgerstadt. Einen Teil der alten
Stadtmauer siehst du heute noch
beim Mozartplatz Nr. 7, dem »Stöckl«.
Dort war auch ein Stadttor, wo
Wachen durchziehende Händler und
Bauern kontrollierten.

### Eine große Waage

Auf dem Waagplatz – ein Stück weiter
– mussten sie ihre Waren abwiegen
lassen. Je nach Gewicht und Art der
Ware zahlten sie dann Abgaben an die
Stadt. Schmuggler hatten es da wohl
gar nicht leicht.

## Abgeschlossen

von der übrigen Stadt lebten Menschen jüdischen Glaubens in der heutigen Judengasse. Oft gab man ihnen Schuld an Krankheiten und Notzeiten, nur weil sie einen anderen Glauben hatten. Sie waren aber tüchtige Händler und Geldverleiher, und viele Salzburger hatten bei ihnen Schulden. 1498 wurden sie aus der Stadt vertrieben.

Ihr Besitz wurde ihnen weggenommen, die Schuldner behielten ihr Geld. So hatten sie durch Unmenschlichkeit ein gutes Geschäft gemacht.

## Vom Tempel zum Hotel

Am Beginn der Judengasse war das Bethaus der Juden. Nach ihrer Vertreibung wurde es eine Brauerei und ein Wirtshaus. Heute ist es ein großes Hotel.

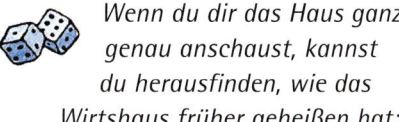 *Wenn du dir das Haus ganz genau anschaust, kannst du herausfinden, wie das Wirtshaus früher geheißen hat:*

......................................................................

*Zu diesem Namen passt auch die böse Fratze über dem Eingang und der Teufel, den der Erzengel Michael gerade zertritt.*

### Straßenschluchten

Warum die Gassen der Altstadt so eng sind? Immer mehr Handwerker und Händler wollten sich in Salzburg ansiedeln. Weil entlang der Salzach, dem wichtigsten Verkehrsweg, sehr wenig Platz war, mussten sie die Häuser ganz eng aneinander und möglichst hoch bauen. Oft sieht man dazwischen kaum den Himmel.

### Praktische Aufzüge

Wohnung, Werkstätte und Verkaufsladen waren in einem Haus. Das Lager war unter dem Dach. Mit einer Seilwinde, die ganz oben an einem Balken befestigt war, wurden die Waren einfach außen hinaufgezogen.

### Gleich unter dem Himmel

sieht man aber keine Dächer, sondern sehr oft Inschriften oder Jahreszahlen.

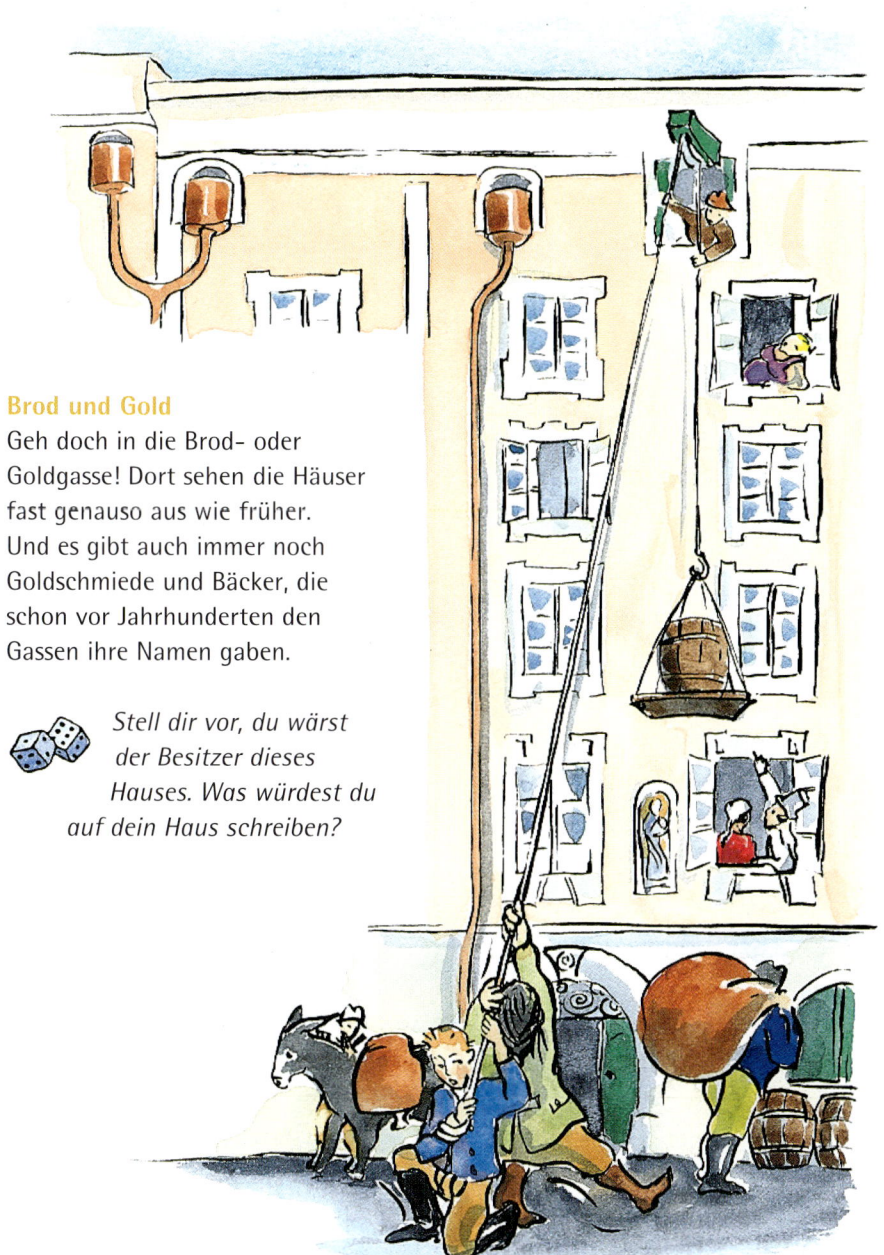

### Brod und Gold

Geh doch in die Brod- oder
Goldgasse! Dort sehen die Häuser
fast genauso aus wie früher.
Und es gibt auch immer noch
Goldschmiede und Bäcker, die
schon vor Jahrhunderten den
Gassen ihre Namen gaben.

*Stell dir vor, du wärst
der Besitzer dieses
Hauses. Was würdest du
auf dein Haus schreiben?*

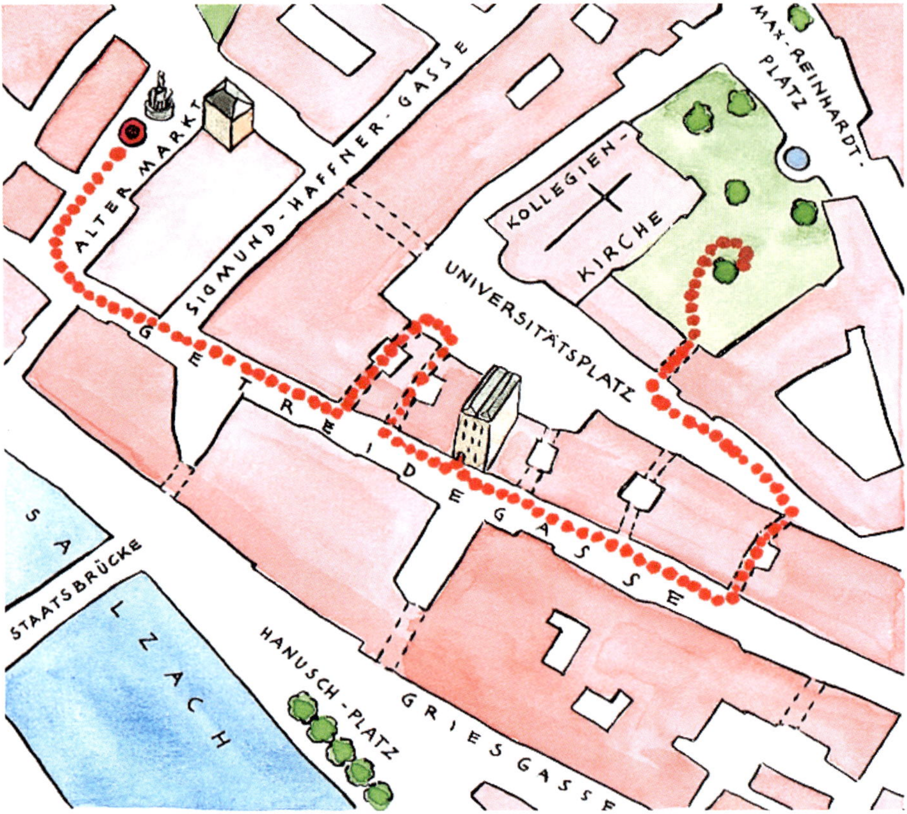

# 4. Die Bürgerstadt II

Alter Markt und Getreidegasse

Was es nicht alles gab in so einer alten Stadt! Brunnen, aus denen Wein floss,
Kinder, die komponierten, Häuser, durch die man immer noch durchgehen kann.
Heute muss man sich manchmal mühsam durch Touristengruppen schlängeln.

Buslinien:
3, 5, 6, 25
Haltestelle Rathaus            ● Alter Markt

### Täglicher Treffpunkt

war der Brunnen, weil die Salzburger hier ihr Wasser holten, als es noch keine Wasserleitungen gab. In dem kunstvollen Gitter haben sich viele Tiere versteckt. Ob auch sie das Wasser beschützen sollen?

### Feuer, Feuer

Auf dem Alten Markt steht auch ein alter Brunnen. Hoch oben löscht der Heilige Florian ein brennendes Haus. Er soll die Stadt vor Bränden schützen. Wenn früher einmal ein Feuer ausbrach, holte man das Wasser zum Löschen aus diesem Brunnen.

 *Welcher Heilige Florian ist der richtige?*

### Wein statt Wasser

floss in dem Brunnen einmal, als ein kaiserliches Hochzeitspaar in Salzburg Station machte. Man müsste vielleicht eine Aktion dafür starten, dass an schwülen Tagen hier Apfelsaft fließen soll.

### Neues Design

Fast möchte man glauben, dass hier ein in Pastellfarben verliebter Maler am Werk war! Zur Barockzeit (vor ungefähr 250 Jahren) bekamen alle Häuser neue Fassaden. Wie alt die Häuser wirklich sind, merkt man aber an den dicken, krummen Mauern.

*In der Zeichnung oben fehlt das kleinste Haus Salzburgs. Es ist nur so breit wie ein Fenster, hat aber eine erstaunliche Dachrinne! Zeichne das Haus ein!*

## Kaffee, Kakao, Kuchen ...

gibt es im Café Tomaselli. Dieses
älteste Kaffeehaus der Stadt ist
nun schon seit dem Jahr 1705 ein
beliebter Treffpunkt der Salzburger.
Unglaublich, auf wie viele
verschiedene Arten der Kaffee hier
zubereitet wird.

## Amadeus, Amadeus!

Die Familie Mozart lebte nicht weit
vom Alten Markt in der Getreidegasse
Nr. 9 – leicht zu finden! Das ist dort,
wo das Gedränge am größten ist.

 *Die Wohnung der Mozarts ist
heute ein Museum.*

## ... und köstliche Kugeln

wurden vor 100 Jahren in der
Konditorei Fürst gegenüber erfunden.
Hast du die mit Nougat und Marzipan
gefüllten dunklen Mozartkugeln
schon probiert? Mozart selbst hat sie
allerdings sicher nicht gekannt!

### Wunderkind

Der kleine Wolfgang Amadeus wurde
hier am 27. Januar 1756 geboren.
Sein Vater war Kapellmeister beim
Erzbischof und gab dem Wunderkind
den ersten Unterricht in Geige und
Klavier. Mit vier Jahren schrieb
Wolfgang sein erstes Musikstück.

### Klein, aber oho

Schon als Kind wurde er sehr
berühmt, weil er hervorragend Klavier
spielte. Seine Mutter oder sein Vater
begleiteten ihn auf Reisen in viele
große Städte Europas, wo er bei
seinen Konzerten bejubelt wurde.

### Opernvogel

Aber als junger Mann ging er
nach Wien, wo er vor allem Opern
komponieren wollte.
Von der »Zauberflöte« hast du
sicher schon gehört. Da stottert
ein singender Vogelmensch seinen
Namen: PA-PA-PA- ...??

*Vielleicht wird gerade eine
Mozartoper im Salzburger
Marionettentheater gespielt!*

*Mozart war auch ein großer
Spaßvogel. Er hat schon
als Kind komische Briefe
und lustige Lieder geschrieben.
Wenn du die fehlenden Wörter im
Bilderrätsel auf der nächsten Seite
ergänzt, kennst du den Text eines
bekannten Kanons, den der junge
Mozart geschrieben hat.*

Bona nox bist a rechta ☐☐☐☐

Bona notte ☐☐☐☐☐☐ Lotte,

Bonne nuit, pfui, pfui,

gut (engl.)            gut (engl.)

☐☐☐☐☐ night ☐☐☐☐☐ night,

h☐☐☐t' müß ma ☐☐ weit,    nein (engl.)

gute ☐☐☐☐☐, gute ☐☐☐☐☐

s'wird höchste ☐☐☐☐☐, gute Nacht,

☐☐☐☐☐☐☐' fein gsund und

bleib r☐☐☐☐ kugelrund.

### Mozartrummel

Mozart ist heute weltberühmt und seine Musik wird überall gespielt. In der Getreidegasse sind oft nur deshalb so viele Leute, weil alle sein Geburtshaus sehen wollen.

Aber auch früher muss es hier immer geschäftiges Treiben gegeben haben: Den Namen hat die Getreidegasse nämlich von dem alten Wort »trabe«, das heißt »eilig«.

Die vielen schmiedeeisernen Schilder der Restaurants, Geschäfte und Werkstätten hast du sicher längst bemerkt. Die Getreidegasse ist ja voll davon. Aber kannst du die hier abgebildeten Schilder finden? Zu welchen Geschäften gehören sie?

................................................................

................................................................

................................................................

................................................................

### Quer durch

Merkwürdig ist auch, dass die Getreidegasse keine Querstraßen hat. Dafür gibt es romantische, mit Arkaden geschmückte Durchhäuser. Wenn du aber noch etwas Lustiges sehen willst, dann geh noch nicht durch!

### Seltsames Gebilde

Im Durchgang des Hauses Getreidegasse Nr. 3 hängt das Zeichen eines alten Handelshauses.

Ob das wohl eine Walfischrippe und ein vertrockneter Katzenhai war? Heute sieht das schwarze Etwas jedenfalls ganz danach aus.

### Gegensprechanlage

Geh zum Haus Getreidegasse Nr. 39! Da sind vier alte Klingelzüge. Wenn ein Besucher unten anzieht, läutet oben eine Glocke. Elektrisch geht das auch nicht viel besser.

### Müde?

Das ewige Hin- und Hertraben ist schon eher anstrengend! Warum machst du nicht eine Pause am Universitätsplatz? Wenn du Glück hast, ist vielleicht gerade Markt und es gibt frische Würstel.

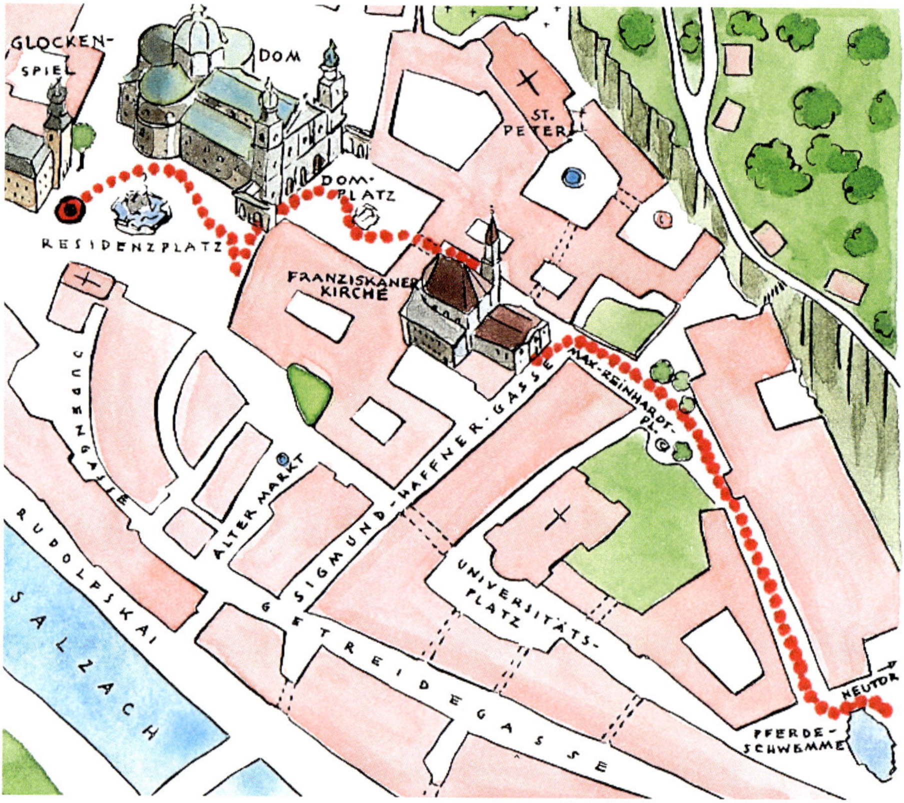

# 5. Die Fürstenstadt

Was die Erzbischöfe nicht alles gebaut haben: einen Brunnen, der ein Wetterprophet ist, einen Palast, den die Salzburger Glockenspiel nennen, einen Dom, der die Kulisse für ein Theaterstück ist, und einen Pferdestall, in dem Opern gespielt werden!

Buslinien:
3, 5, 6, 25
Haltestelle Rathaus

● Residenzplatz

## Als Wettervorhersage

dient manchen Salzburgern der große, marmorne Residenzbrunnen. Ganz oben auf einer Riesenmuschel sitzt ein Meeresgott und bläst Wasser aus einem Muschelhorn. Wäscht er sich damit den Rücken, wird das Wetter schlecht, wäscht er sich das Gesicht, wird es schön.

*In dem Felsengebirge zwischen den vier Pferden mit ihren eigenartigen Beinen kriecht allerlei kleines Getier herum. Welche Tiere kannst du entdecken?*

## Pferdemistdetektiv

Um zu wissen, wohin die vielen Fiaker von hier aus fahren, kannst du als echter Indianer einfach ihren »Spuren« folgen. Wahrscheinlich hilft dir da auch eine gute Nase. Oder du folgst dem Rossknödelsammler auf seinem eigenartigen Dreirad. Mit Schaufel und Besen sammelt er den Pferdemist. Ob damit die städtischen Blumenbeete gedüngt werden?

### Klein und eng

Im 12. Jahrhundert wurde dem Erzbischof das mittelalterliche St. Peter zu eng. Nach und nach entstanden ein neuer Dom und ein eigener Palast, die heutige Residenz.

### Große Pläne

Viele veschiedene Erzbischöfe haben in diesen Mauern ihre Ideen verwirklicht, aber einer ganz besonders: Wolf Dietrich von Raitenau hatte große Dinge vor! Um die Umbauten in der Residenz abzuwarten und zu überwachen, ließ er zuerst das Residenz-Neugebäude bauen, wo er wohnte, bis das »Gegenüber« fertig war. Heute wird dieses Neugebäude auch »Glockenspiel« genannt.

FRANZ HARRACH

### Glockenspiel?

So heißt es nach den 35 Glocken, die in einem kleinen Türmchen von einem Hammer angeschlagen und zum Klingen gebracht werden. Dann hört man eine kleine Melodie dreimal am Tag. Gleich anschließend brüllt von der Festung oben der »Salzburger Stier« herunter. Die Melodie des Glockenspiels ist von Monat zu Monat verschieden. Hast du die heutige Melodie erkannt?

## Monumental

Die Residenz bildet heute ein ganzes
Viertel der Altstadt. Die drei großen
Höfe und die vielen verschiedenen
Gebäude beeindrucken auch deshalb,
weil sie so ganz anders aussehen als
die schmalen, hohen Bürgerhäuser
gleich daneben.

begonnen, die Residenz zu bauen.
Paris von Lodron hat sie fertiggebaut
und Franz Anton Harrach hat sie
ausgeschmückt.

*Ein Wappen stimmt nicht
ganz genau. Was fehlt?*

*Die herrlichen Räume der
Residenz kann man mit einer
Führung besichtigen.*

## Drei wichtige Herren

Über dem Portal am Residenzplatz
sieht man die drei Wappen der
Erzbischöfe, die die wichtigsten
Bauherren waren. Wolf Dietrich hat

Aber auch schon von außen kann
man erkennen, wo die prunkvollsten
Räume sind: Ihre Fenster sind größer
und sehr reich verziert.

### Riesenhaft

Wie ein Teil des Mönchsbergfelsens sieht der große Domkörper vom Residenzplatz her aus. Einfach deshalb, weil er aus genau diesem Stein gebaut ist. Wenn man dann auf den Domplatz kommt, ist man ganz überrascht, wie leicht und elegant die Fassade dieser Riesenkirche ist. Der weiße Marmor dafür kam auch aus der Nähe: vom Untersberg.

### Lange Baugeschichte

Der erste Dom wurde an dieser Stelle schon im 8. Jahrhundert vom Heiligen Virgil erbaut. Zweimal hat er gebrannt und wurde wieder aufgebaut. In seiner heutigen Form ist er von Erzbischof Paris von Lodron im 17. Jahrhundert eingeweiht worden. Aber im Zweiten Weltkrieg zerstörte eine Bombe die Kuppel. Mehr als zehn Jahre brauchte man, um sie wieder aufzubauen.

*Die genauen Jahreszahlen dieser drei Bauetappen findest du als goldene Ziffern in den schmiedeeisernen Gitter der Eingangsportale.*

7.....   16.....   19.....

## Jede Zeit hat ihren Geschmack

Nicht weit vom Dom steht auch eine sehr alte, aber ganz andere Kirche. Die Franziskanerkirche ist seit dem Mittelalter nie ganz zerstört worden, sondern immer Stück für Stück verändert und erneuert worden. Deshalb kann man heute noch genau erkennen, wie man in den verschiedenen Zeiten gebaut hat.

Am besten siehst du das, wenn du vom Eingang in der Sigmund-Haffner-Gasse das dunkle Langhaus mit den romanischen Rundbogen betrittst. Erst weiter vorn wird die Decke von gotischen Spitzbogen in die Höhe gezogen. Man fühlt sich leichter und wird dann fast geblendet von den vielen barocken Verzierungen auf den Altären.

ROMANISCHER DACKEL

GOTISCHER DACKEL

BAROCKDACKEL

## Ein Löwe

bewacht grimmig die Stiege zur Kanzel. Er ist romanisch und kommt aus einer Zeit, als Steinmetze in Österreich Löwen nur vom Hörensagen kannten. Hast du bemerkt, dass er fast wie ein Hund aussieht?

## Kultur im Pferdestall

Wo früher die erzbischöflichen Stallungen waren, ist heute der Festspielbezirk. Das merkt man auch an den Straßennamen. Neben der Hofstallgasse erinnert der Furtwängler-Platz an den Dirigenten Wilhelm Furtwängler, der Karajan-Platz an den Dirigenten Herbert von Karajan. Der Max-Reinhardt-Platz heißt so nach dem berühmten Begründer der Salzburger Festspiele.

## Unheimlicher Jedermann

Er war es auch, der die Idee hatte, ein Theaterstück auf dem Domplatz zu spielen, mit der Domfassade als Kulisse.

Seit 1920 wird nun jedes Jahr im Sommer das Stück »Jedermann« von Hugo von Hofmannsthal aufgeführt. Bei schönem Wetter kann man eine Stimme laut durch die Stadt brüllen hören. Ruft sie nur den Herrn Jedermann oder alle Leute in der Stadt?

Andere Stücke, Opern und Konzerte werden in vielen verschiedenen Häusern gespielt. In der früheren Reitschule der Erzbischöfe ist heute zum Beispiel das Große Festspielhaus, für dessen Ausbau sogar ein Teil des Mönchsberges weggesprengt wurde.

 *Man kann das Festspielhaus mit einer Führung besichtigen.*

## Pferdebad

Am Ende der Hofstallgasse, wo im Festspielsommer vornehm gekleidete abendliche Gäste promenieren, ist die alte Pferdeschwemme. Der wilde Rossbändiger in ihrer Mitte bekommt im strengen Winter eine Plexiglashaube übergestülpt. Damit er sich nicht verkühlt?

## Neues Stadttor

Links davon führt eine Straße zum Neutor, einem Tunnel, der heute vielleicht nicht mehr so beeindruckt, der aber 1764 den Salzburgern wie ein Wunderwerk erschien.

Von der einen Seite zur anderen stieg er leicht an, sodass er natürlich beleuchtet und entlüftet wurde. Außerdem sparte man viel Wegzeit, weil man nicht mehr um den ganzen Mönchsberg herumfahren musste. Schon Vater Mozart war darüber ganz begeistert.

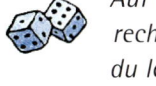 *Auf einer großen Tafel rechts vom Tor kannst du lesen, wie das Neutor eigentlich genannt wurde.*

.................................................................

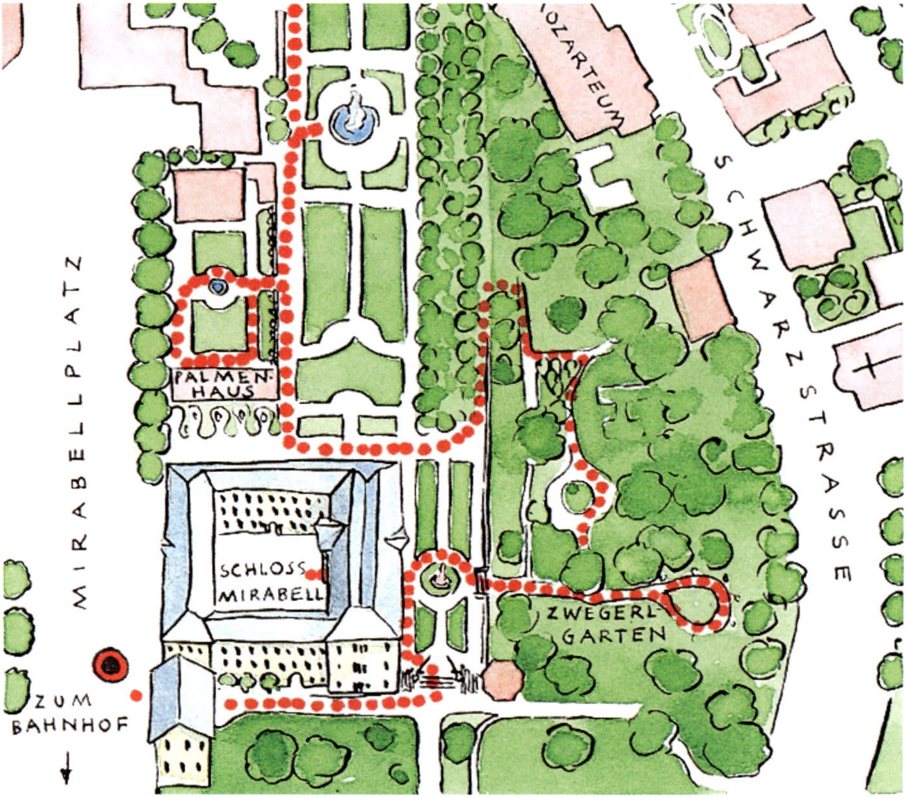

# 6. Mirabell

Am linken Salzachufer kennst du dich nun schon gut aus. Mach doch einen kleinen Ausflug auf die rechte Seite. Hier gibt es ein wunderschönes Schloss.

Buslinien:
3, 5, 6, 25
Haltestelle Mirabellplatz

 Mirabellplatz

### Erzbischöfliches Glück

1607 wurde das Schloss gebaut und lag damals noch vor den Toren der Stadt. Es war der Sommeraufenthalt für ein ungewöhnliches Paar. Erzbischof Wolf Dietrich hatte es seiner geliebten Salome Alt zum Geschenk gemacht und nannte es nach ihr Schloss Altenau.

### Ort des Glücks?

Wie du gemerkt hast, ist das Schloss Mirabell heute mitten in der Stadt. Darin befinden sich Rathaus und Standesamt. Hochzeitspaare aus aller Welt kommen hierher, um im prächtigen Marmorsaal zu heiraten. Wie viele junge Paare sich auf der berühmten Engelstiege wohl schon fotografieren haben lassen? Sieh doch, das Geländer ist mit Engeln und Lampen so reich verziert, dass man sich gar nicht traut, sich daran anzuhalten!

### Eleganter Übergang

Über eine der vielen Brücken musst du natürlich gehen, um von einem Ufer zum anderen zu kommen. Der Makartsteg ist nur für Fußgänger und Radfahrer vorgesehen. Mit elegantem Schwung spannt er sich über die Salzach und führt dich von der Altstadt rasch zum Schloss Mirabell.

*Gleich neben dem Ausgang zum Mirabellgarten gibt es eine Stiege mit zwei Einhörnern. Von da hat man einen herrlichen Blick auf die Salzburger Altstadt.*
*Am Horizont erhebt sich mächtig*
○ *der Untersberg*
○ *die Festung Hohensalzburg*
○ *der Kapuzinerberg*

### Das schönste Mädchen

Salzburgs soll damals die Bürgerstochter Salome Alt gewesen sein. Der verliebte Bischof Wolf Dietrich holte sie zu sich in die Residenz. Sie lebten dort sehr zurückgezogen mit ihren fünfzehn Kindern und hatten deshalb auch einen eigenen Eingang in die Franziskanerkirche. Noch immer rätseln die Salzburger, ob sie nicht doch heimlich verheiratet waren.

### Ein neuer Name

Für viele Leute war es doch etwas seltsam, dass ein Erzbischof einfach so mit Frau und Kindern lebte. Und so ist es kein Wunder, dass Wolf Dietrichs Nachfolger Marcus Sitticus das

Schloss umtaufte, um diese Geschichte
in Vergessenheit zu bringen. Seither
heißt das Schloss »Mirabell«.

## Zwerglgarten

In dem wunderschönen Park
des Schlosses befindet sich auch
der berühmte Zwerglgarten. Es
stehen da aber keine freundlichen
Märchenzwerge, sondern bucklige
Männlein und Weiblein aus Stein.

*Jeder der hier abgebildeten
Zwerge hat einen Fehler –
kannst du sie entdecken?*

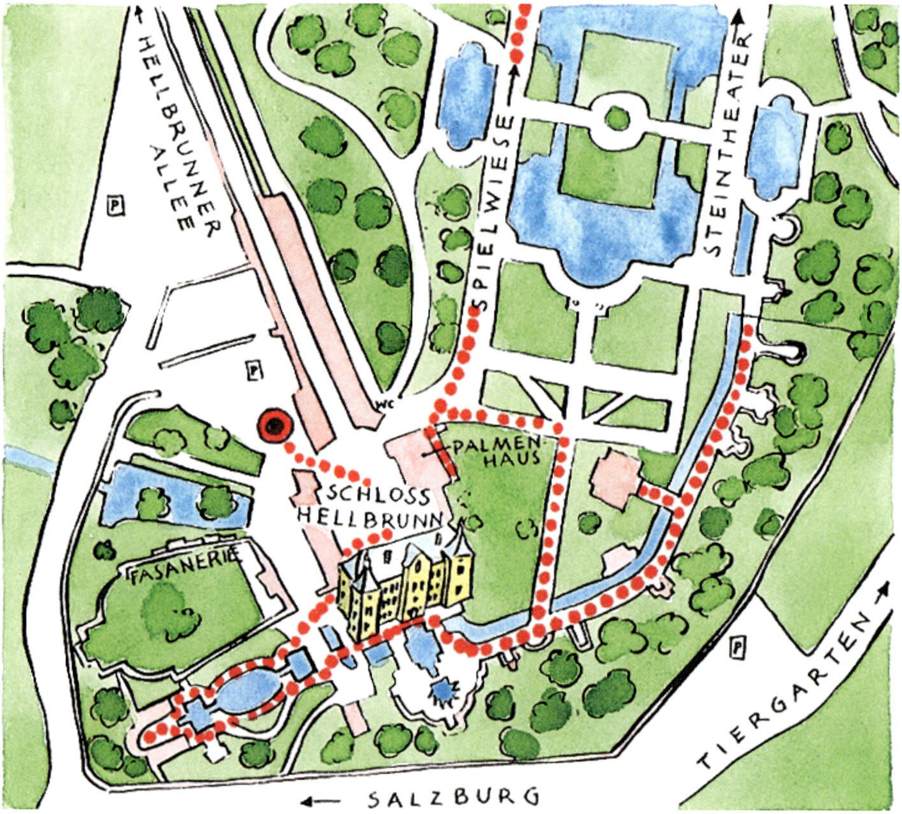

# 7. Hellbrunn

Für Schloss Hellbrunn solltest du dir Zeit nehmen, mindestens einen ganzen Tag. Herrlich ist es hier, besonders an schönen, warmen Sommertagen.
Du kannst selber erleben, was sich ein Erzbischof vor 400 Jahren als Sommervergnügen ausgedacht hat: kein Schwimmbad, aber doch einen nassen Spaß.

 Buslinie 25

 Schloss Hellbrunn

## Wie in Italien

ist hier die Atmosphäre. Erzbischof Marcus Sitticus, selbst Halbitaliener, ließ sich dieses Sommerschloss bauen. Unglaublich, dass Schloss und Garten heute noch fast genauso aussehen wie vor 400 Jahren.

## Auf ins Lustschloss

Für die Fahrt in sein Lustschloss hat sich Marcus Sitticus extra eine elegante Straße anlegen lassen: die Hellbrunner Allee. Vom Nonntal führt sie schnurgerade bis zum Schloss. Für Autos ist sie gesperrt, deswegen kann man dort ganz gemütlich spazierengehen, Rad fahren oder reiten.

## Sonderbares

hat Marcus Sitticus anscheinend geliebt. Im Schloss hängen Bilder von allen möglichen sonderbaren Tieren, die er malen ließ, zum Beispiel ein achtbeiniges Pferd, das es tatsächlich gegeben haben soll.

 *Das gehörnte Wappentier des Erzbischofs findest du gleich zweimal beim Eingang ins Schloss (vier Meter darunter und zwei Meter darüber).*

## Wasserspiele

Zur Unterhaltung für sich und seine
Gäste ließ Marcus Sitticus eine ganz
besondere Gartenanlage bauen. Die
vielen Quellen des Hellbrunner Berges
gaben ihm eine spritzige Idee!

## Der schelmische Sitticus

war es, der seine Gäste zu
sommerlichen Gartenfreuden einlud.
Die Luft war lau, die Stimmung stieg.
Man aß und trank an einem reich
gedeckten steinernen Tisch, in dessen
Mitte ständig rinnendes Wasser
herrlichen Wein kühlte.

## Geheimnisvoll

Auch heute noch ist es das gleiche
Wasser wie damals, das in den Grotten
rauscht, Springbrunnen herzaubert
und Steinstatuen und Holzfigürchen
lebendig macht. Ahnst du schon,
warum da immer wieder Leute so laut
aufkreischen?

 *Mit einer Führung kommst
du dem Geheimnis auf die
Spur!*

## Ein ganz schön nasser Sitzplatz!

Doch plötzlich schoss aus jedem Hocker ein Wasserstrahl empor! Ob sich da wohl alle an die guten Sitten hielten und sitzen blieben, bis der Hausherr aufstand? Sein Sitz war nämlich trocken ...

*GNUTH.! SA. RESSA. THCA. SSA.*

*Hier ist nicht nur alles verdreht, sondern es fehlen auch die Anfangsbuchstaben. Wenn du das Rätsel gelöst hast, weißt du, warum du deinen Stadtführer in Sicherheit bringen solltest!*

### Der Hellbrunner Park

Am Eingang zum Schlosspark
neben dem Palmenhaus sitzt ein
Lieblingshund der Salzburger Kinder.

 *Hoppla! In der Zeichnung
sind fünf Fehler!*

### Einhörner und Wassermänner

Es gibt aber noch viele andere
Statuen zwischen dem Weiher mit den
Karpfen, den bunten Blumenbeeten
und alten Baumalleen. Hast du schon
welche entdeckt?

### Monatsschlösschen

heißt das kleine Schloss auf dem
Hellbrunner Berg. Angeblich hat
Marcus Sitticus wegen einer Wette
alle Maurer des Landes kommen
lassen, damit das Schlösschen
innerhalb eines Monats fertig werden
konnte.

### Genug geredet!

Weiter hinten im Park kann man sich
so richtig austoben. Auf der großen
Spielwiese ist Platz zum Ballspielen,
Klettern, Schaukeln ... und auch für
herrliche Picknicks.

### Frühe Freilichtbühne

Willst du zum Steintheater? Dann geh von der Spielwiese ungefähr zehn Minuten den Berg entlang, bei einer Abzweigung rechts circa fünf Minuten den Berg hinauf – und du bist da. In der großen Höhle ist eine herrliche Bühne, die entstand, als hier Steine für den Bau des Schlosses herausgeschlagen wurden! Marcus Sitticus ließ hier eine der ersten Opern auf deutschem Boden aufführen.

 *Schau genau, in die Zeichnung haben sich sechs Tiere geschlichen!*

### Auch im Winter

lohnt es sich, Hellbrunn zu besuchen. An den Wochenenden im Dezember kannst du durch den Adventmarkt im Schlosshof bummeln und Maroni und gebrannte Nüsse knabbern. Hast du Lust auf eine Fahrt durch den Park? Rentiere ziehen hier kleine Wagen, und in warme Felle gekuschelt kannst du von Weihnachten träumen.

### Der Hellbrunner Zoo

Schon vor 500 Jahren gab es hier Fischweiher. Erzbischof Marcus Sitticus ließ sich ein Gehege für Hirsche, Rehe und Steinböcke dazubauen.
Heute ist der Hellbrunner Tierpark ein großer, moderner Zoo. Hier leben Tiere, die die Salzburger vor 400 Jahren höchstens vom Hörensagen kannten: schwarz-weiß gestreifte Pferde, riesige graue Kolosse mit Hörnern auf der Nase und mit Kringeln gemusterte Riesenkatzen.

### Böse Ungeheuer?

Nein: Zebras, Nashörner und Antilopen teilen in einer friedlichen Wohngemeinschaft ein und dasselbe Gehege, so wie sie in den Savannen von Afrika nebeneinander leben. Aber nicht bei allen funktioniert das. Die Affen zum Beispiel bleiben lieber unter sich.

### Schnellsprinter

An der Kassa und am Gehege der Geparden steht angeschrieben, wann sie gefüttert werden. Das Spektakel solltest du dir nicht entgehen lassen!

Mit einer Geschwindigkeit von 50 km/h werden Fleischstücke an einem Seil durch das Gehege gezogen. Die Geparden sausen hinterdrein und fangen sich ihre Beute selbst.

## Geierrestaurant

Weißkopfgeier fliegen hier einfach so herum. Sie sind aber nur Besucher, die auf eine Jause vorbeikommen. Das »Geierrestaurant« ist vor allem im August gut besetzt, wenn die Vögel mit ihren Jungen die Brutplätze am Untersberg verlassen.

## Zahm und freundlich

✳eim Eingang gleich links ist ein St✳eichelzoo. Man kan✳ ganz nah z✳ den Tieren hingehen und sie angreifen. Du darfst Schafe, K✳ninchen, H✳nge✳auchschweine und Meerschweinchen auch fütte✳n.

 *Setze die fehlenden Buchstaben in der richtigen Reihenfolge zusammen. Es ist ein Tier, das in Europa vom Aussterben bedroht ist und hier gezüchtet wird. Vielleicht dürfen die*

*............................. en wieder einmal in Freiheit leben?*

# Salzburg von A-Z

Für deinen Aufenthalt oder deine Freizeit in Salzburg gibt es eine Reihe von praktischen Hinweisen, die du hier findest.

Manche Dinge ändern sich leider sehr schnell und immer wieder. Deshalb kann es sein, dass zum Beispiel manche Öffnungszeiten oder Telefonnummern schon wieder anders sind, wenn du diesen Stadtführer benützt. Wir hoffen, das verdirbt dir nicht die Laune!

## Auskunft

*Salzburg Information*
*Mozartplatz 5*
*Tel.: 84 75 68*

*Salzburg Information*
*am Hauptbahnhof*
*Tel.: 87 17 12*

## Wenn du die Stadt nicht nur zu Fuß erkunden willst

### Buslinien

Die Busse der Salzburger Verkehrsbetriebe bringen dich bis zur Fußgängerzone in der Innenstadt. Wir haben die Linien angegeben, die vom Salzburger Hauptbahnhof wegführen. In Trafiken und beim Salzburger Verkehrsverbund am Bahnhof kannst du Tickets billiger kaufen als beim Fahrer.

## Fahrradverleih

Wer kein eigenes Fahrrad zur Verfügung hat, kann sich eines leihen. Bei der Salzburg Information bekommst du außerdem einen Plan der Radwege in der Stadt.

*Top-Bike*
Je nach Wetter vor dem Cafe Intertreff am Hauptbahnhof und auf der Altstadtseite der Staatsbrücke
*Tel.: 06272/46 56 oder 0676/47 67 259*
*oder 0676/72 00 047*
*www.topbike.at*

*Velo aktiv*
Juli und August je nach Wetter auf dem Mozartplatz
*Tel.: 0676/ 43 55 950*

## Fiaker

Der Standplatz der Pferdekutschen ist am Residenzplatz. Es gibt eine kurze Fahrt von circa 20-25 Minuten und eine lange von circa 50 Minuten.

## Hop On Hop Off

Da kannst du bei einer Busrundfahrt die wichtigsten Sehenswürdigkeiten entdecken und aus- und einsteigen, wie es dir gefällt.
*Mirabellplatz 2*
*Tel.: 88 16 16*
*www.hoponhopoff.at*

## Rikscha

Der Standplatz der Fahrradkutschen ist am *Residenzplatz.*
April–Oktober, je nach Wetter täglich ab 10.30 Uhr
*Tel.: 0650/63 40 240*
*www.rikschatours.at*

## Stadt-Schiff-Fahrt

mit dem Panoramaspeedboot Amadeus Salzburg
April–Oktober
*Hanuschplatz, Übergang Makartsteg*
*Tel.: 82 57 69–12*
*www.salzburgschifffahrt.at*

## Literatur für Kinder

### Literaturhaus Salzburg

Hier findest du regelmäßige Angebote für Kinder und Jugendliche.
*Strubergasse 23*
*Tel.: 42 24 11*
*www.literaturhaus-salzburg.at*

## Museen, die auch für Kinder interessant sind

### Domgrabungsmuseum

*Residenzplatz (Dombögen)*
*Juli und August, täglich*
*Tel.: 62 08 08*
*www.salzburgmuseum.at*

### Festung Hohensalzburg

*Am Mönchsberg 34*
*Tel. 84 24 30-11*
*www.salzburg-burgen.at*
Hier gibt es Führungen, mit denen du auch in das *Festungsmuseum (www.salzburgmuseum.at)* und in das *Marionettenmuseum (www. mozartfestival.at)* gelangst.

Wenn du nicht den steilen Burgberg hinaufmarschieren willst, nimm einfach die

### Festungsbahn,
das ist die älteste Standseilbahn Österreichs.
*www.festungsbahn.at*

### Haus der Natur – Museum für Natur und Technik
*Museumsplatz 5*
*Tel.: 84 26 53*
*www.hausdernatur.at*

### Mozarts Geburtshaus
*Getreidegasse 9*
*Tel.: 84 43 13*
*www.mozarteum.at*

### Residenz
*Residenzplatz 1*
*Tel.: 80 42–26 90*
*www.salzburg-burgen.at*

### Salzburg Museum/Neue Residenz
*Mozartplatz 1*
*Tel.: 62 08 08*
*www.salzburgmuseum.at*

### Spielzeugmuseum
*Bürgerspitalgasse 2*
*Tel.: 62 08 08-300*
*www.salzburgmuseum.at*

### St. Peter Bezirk
*Petersfriedhof*
Von frühmorgens bis zum Einbruch der Dunkelheit geöffnet

*Katakomben im Petersfriedhof*
*nur mit Führung*
*Tel.: 0676/78 47 435 oder 84 45 76-0*
*www.stift-stpeter.at*

### Wenn du Lust auf Sport hast

### Eislaufen
*Kunsteisbahn Volksgarten*
*Tel.: 62 34 11*

*Eislaufen am Mozartplatz*
direkt vor der Mozartstatue, allerdings nur in der Adventzeit
*www.mozarteis.at*

### Reiten
*Reitschule Moos*
Moosstraße 135
*Tel.: 0664/43 31 250 oder 82 70 14*

Reitzentrum Doktorbauer
Eberlingasse 5
Tel.: 82 20 56
www.reitzentrum-doktorbauer.at

## Schwimmen

Freibad Alpenstraße
Tel.: 62 08 32

Freibad Leopoldskron
Leopoldskronstraße 50
Tel.: 82 92 65

Freibad Volksgarten
Hermann-Bahr-Promenade 2
Tel.: 62 34 11

Paracelsus Hallenbad im Kurhaus
Auerspergstraße 2
Tel.: 88 35 44-0
www.paracelsusbad.at

Städtische Freibäder
Öffnungszeiten
Mai–September je nach Wetter
9.00–18.00 Uhr

## Theater

Eine Übersicht über die aktuellen
Theaterprogramme findest du in allen
Salzburger Zeitungen.

## Festspielhäuser

Besichtigung im Rahmen einer
Führung
Hofstallgasse 1
Tel.: 84 90 97

## kleines theater

Schallmooser Hauptstraße 50
(Buslinie 4)
Tel.: 87 21 54-0
www.kleinestheater.at

## Marionettentheater

Schwarzstraße 24
Spielzeiten: Mai–September,
Weihnachten, Mozartwoche (Jänner),
Ostern
Tel.: 87 24 06
www.marionetten.at

## Salzburger Landestheater

Schwarzstraße 22
Tel.: 87 15 12-222
www.salzburger-landestheater.at

## Schauspielhaus

Petersbrunnhof
Erzabt-Klotz-Straße 22
Tel.: 88 85-85
www.schauspielhaus-salzburg.at

### Toihaus Theater
*Franz-Josef-Straße 4*
*Tel.: 87 44 39*
*www.toihaus.at*

### Ausflüge

### Schloss Hellbrunn
*Fürstenweg 37*
Schlosspark, Orangerie, Steintheater
sind frei zugänglich. Schloss,
Wasserspiele, Monatsschlösschen mit
Führungen
*Tel.: 82 03 72*
*www.hellbrunn.at*

### Zoo Hellbrunn
Anifer Landesstraße 1
*Tel.: 82 01 76*
*www.salzburg-zoo.at*

### Hallein
14 Kilometer südlich von Salzburg

*Keltenmuseum Hallein*
*Pflegerplatz 5*
*Tel.: 06245/ 80 783*
*www.keltenmuseum.at*

*Salzwelten*
*Ramsaustraße 3*
*Bad Dürrnberg*
*Tel.: 06132/20 08 511*
*www.salzwelten.at*

*Keltenfreilichtschau Bad Dürrnberg*
*Tel.: 06245/72 13*
*Mai-September: 10.00–17.00 Uhr*

*Sommerrodelbahn Keltenblitz*
*2,2 km lang*
*Tel.: 06245/85 105*
*www.duerrnberg.at*

### Untersberg
12 Kilometer südlich von Salzburg
*St.-Leonhard-Seilbahn*
auf das Geiereck (1.853 m)
*Tel.: 06246/72 477*
*www.untersbergbahn.at*

### Salzburger Freilichtmuseum
*Hasenweg, Großgmain*
*Tel.: 85 00 11*
*www.freilichtmuseum.com*

### Erlebnisburg Hohenwerfen
Flugvorführungen der Greifvögel
*Tel.: 06468/76 03*

68

### Burgerlebnis Mauterndorf im Lungau

Mach eine Zeitreise ins Mittelalter mit Audio-Guide für Kinder und einem spannenden Ritterspielplatz

*Kinderprogramme im Juli und August*
*Tel.: 06472/74 26*
*www.salzburg-burgen.at*

### Für ganz Wagemutige

### Kletterpark Waldbad Anif – Hochseilgarten

*Waldbadstraße, Anif*
*Tel.: 0664/43 09 380*
*www.kletterparkwaldbadanif.at*

### Untersberg-Challenges Waldhochseilgarten + more

*Glanstraße 31, Grödig*
*Tel.: 0699/10 36 48 41*
*www.untersberg-challenges.at*

# Rätsellösungen

**Seite 15:**
In der Zeichnungen fehlen:
Bischofsmütze, Bischofsstab und
Salzfass.

**Seite 16:**
Du findest das Wappen viermal im Hof
(Sonnenuhr, Kirchturm, Eingang zur
Gaststätte).

**Seite 19:**
Die Familie hieß Stumpfögger.

**Seite 21:**
Senkrecht: Rupert, Kirche.
Waagrecht: Peter, Brot, Moench,
Kanal.

**Seite 23:**
Die Festung heißt Hohensalzburg.

**Seite 24:**
Chinese, Astronaut, Indianer,
Schildkröte und Elefant haben sich in
das Bild geschmuggelt.

**Seite 27:**
Der Graben wurde 1497 gebaut.

**Seite 29:**
Die Türme gehören zu folgenden
Gebäuden (von links nach rechts):
Kollegienkirche,
St. Peter,
Glockenspiel,
Franziskanerkirche,
Dom.

**Seite 31:**
Die Jahreszahl ist 1842.

**Seite 33:**
Das Haus hieß Höllbräu.

**Seite 37:**
Der 4. St. Florian ist der richtige.

**Seite 40:**
Der richtige Text lautet:
> Bona nox, bist a rechta Ochs
> Bona notte, liebe Lotte,
> Bonne nuit, pfui, pfui,
> Good night, good night
> heut' müss' ma no weit,
> gute Nacht, gute Nacht,
> s'wird höchste Zeit, gute Nacht,
> schlaf fein g'sund, und
> bleib recht kugelrund.

*Seite 42:*
Die Schilder gehören zu folgenden
Geschäften:
Schirm = Schirmmanufaktur Kirchtag
Schlüssel = Schlosserei Wieber
Gans = Hotel-Restaurant (Blaue Gans)
Stern = Gasthof (Sternbräu)

*Seite 45:*
Hier gibt es Frösche, Schildkröten,
Lurche, Schnecken.

*Seite 47:*
Es fehlt der brezelförmige Schwanz
beim Löwen im Wappen von Paris
Lodron.

*Seite 48:*
Die Zahlen sind:
774, 1628, 1959

*Seite 51:*
Das Tor hieß Sigmundstor.

*Seite 54:*
Der Blick zeigt die Festung
Hohensalzburg.

*Seite 55:*
Zwergin: Es fehlt die Birne in der
Hand;
Zwerg mit Hut in der Hand: der
Kragen hat nur eine Zacke;
Zwerg mit Kugel in der Hand:
die Jacke hat vier Knöpfe.

*Seite 57:*
Es ist ein Steinbock.

*Seite 59:*
Achtung! Das Wasser macht nass!
*Seite 60:*
Nicht in die Zeichnung gehören:
Der Schwanz,
der Knochen,
der Stern auf dem Halsband,
die Zähne,
die runde Bodenplatte.

*Seite 61:*
Die sechs Tiere sind:
Fledermaus, Eichkätzchen, Eule,
Schlange, Fisch, Maus.

*Seite 63:*
Es sind Braunbären, die hier gezüchtet
werden.

# Register